I0644297

QUIÉN TRABAJA EN MI VECINDARIO

EL PLOMERO

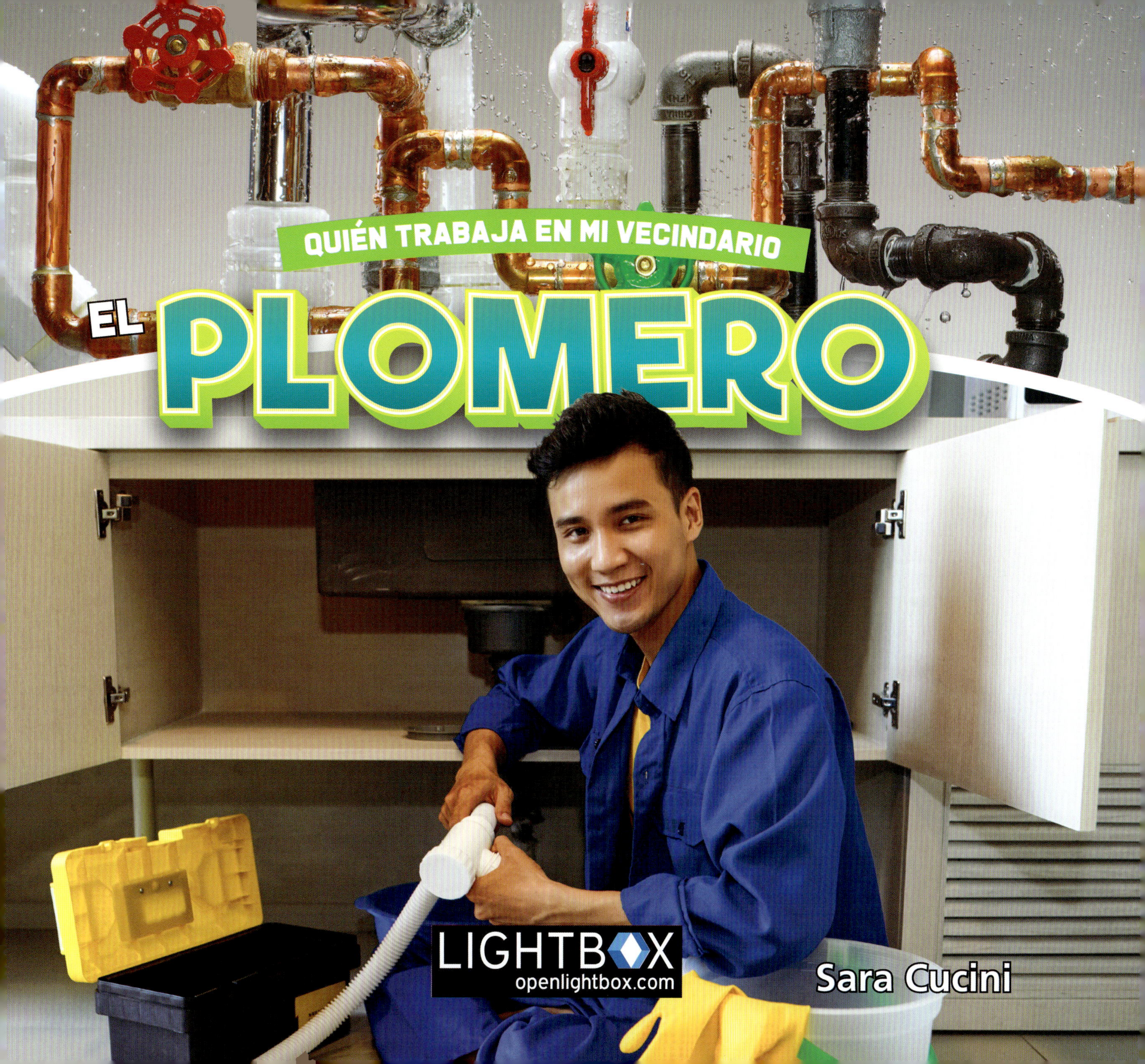

LIGHTBOX
openlightbox.com

Sara Cucini

LIGHTBOX

Entre a **www.openlightbox.com** e ingrese el código único de este libro.

CÓDIGO DE ACCESO

LBXV3398

Lightbox es una completa solucióndigital para enseñar y aprender temas curriculares de una manera original e innovadora. Lightbox se basa en las Normas Curriculares Nacionales.

VIDEOS

ENLACES WEB

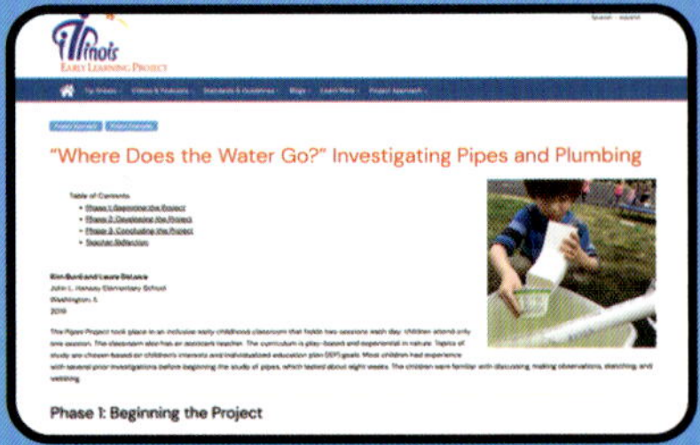

PRESENTACIÓN EN DIAPOSITIVAS

CUESTIONARIOS

CARACTERÍSTICAS ESTÁNDAR DE LIGHTBOX

- **AUDIO** Narraciones de alta calidad con sistema de texto a voz
- **VIDEOS** Videoclips de alta definición incorporados
- **ACTIVIDADES** PDFs imprimibles que pueden enviarse por correo electrónico y calificarse
- **ENLACES WEB** Enlaces cuidadosamente seleccionados con recursos seguros para niños
- **PRESENTACIÓN EN DIAPOSITIVAS** Ilustraciones gráficas de los conceptos clave
- **MAPAS INTERACTIVOS** Mapas interactivos e imágenes satelitales aéreas
- **CUESTIONARIOS** Diez preguntas de elección multiple con puntaje automático que se envían por correo electrónico al docente para su evaluación
- **PALABRAS CLAVE** Combinación de los conceptos clave con sus definiciones

RECURSOS SUPLEMENTARIOS

- **COMPARTE** Comparte títulos dentro de tu Sistema de Gestión de Aprendizaje (LMS) o Sistema de Circulación de Bibliotecas
- **CURRÍCULO** Encuentre correlaciones curriculares Nacionales y Estatales.
- **CITAS** Crea referencias bibliográficas siguiendo los estilos de APA, CMOS y MLA

OPTIMIZADO PARA

- ✓ TABLETAS
- ✓ PIZARRAS ELECTRÓNICAS
- ✓ COMPUTADORAS
- ✓ ¡Y MUCHO MÁS!

Este título está incluido en nuestra suscripción digital de Lightbox

Suscripción en español de K–5 por 1 año
ISBN 978-1-5105-5935-6

Accede a cientos de títulos de Lightbox con nuestra suscripción digital.
Regístrate para una prueba **GRATUITA** en **www.openlightbox.com/trial**

Se garantiza que los componentes digitales de este libro estarán activos por al menos cinco años desde la fecha de publicación.

QUIÉN TRABAJA EN MI VECINDARIO

EL PLOMERO

Contenidos

En mi vecindario hay un plomero.

En los Estados Unidos hay **más de 427 000 plomeros.**

El plomero instala y repara las cañerías de agua de los edificios.

El plomero puede trabajar en casas particulares o en edificios públicos.

Los plomeros pueden arreglar los desagües tapados y los tubos rotos.

12

Los plomeros pueden instalar tubería y griferías en las casas nuevas.

Los tubos de agua pueden ser de **tres materiales diferentes**. Pueden ser de **cobre**, **acero** o **plástico**.

Los plomeros usan muchas herramientas. Usan desatascadores para destapar los desagües.

El plomero usa una llave para ajustar las piezas de plomería.

La **primera llave moderna** se **inventó** en Massachusetts en **1835**.

La plomería puede ser peligrosa. Los plomeros pueden tener que usar casco y gafas de seguridad cuando trabajan.

Los plomeros son personas importantes de mi vecindario.

El **Día Mundial del Plomero** se celebra el **11 de marzo** como reconocimiento a todos los plomeros y su importante labor.

Veamos qué has aprendido sobre los plomeros.

Describe lo que ves en cada una de estas imágenes.

Published by Lightbox Learning Inc.
276 5th Avenue, Suite 704 #917
New York, NY 10001
Website: www.openlightbox.com

Library of Congress Control Number: 2024948030

ISBN 978-1-5105-8595-9 (hardcover)
ISBN 978-1-5105-8594-2 (static multi-user eBook)
ISBN 978-1-5105-8592-8 (interactive multi-user eBook)

102024
112024

Printed in Guangzhou, China
1 2 3 4 5 6 7 8 9 0 29 28 27 26 25

Designer: Ana María Vidal
Project Coordinator: Sara Cucini
English/Spanish Translation: Translation Services USA

Every reasonable effort has been made to trace ownership and to obtain permission to reprint copyright material. The publisher would be pleased to have any errors or omissions brought to its attention so that they may be corrected in subsequent printings.

The publisher acknowledges Shutterstock as the primary image supplier for this title.